PREMIERE EXPÉRIENCE

DE

LA MONTGOLFIÉRE

CONSTRUITE PAR ORDRE DU ROI,

Lancée en présence de Leurs Majestés, de la Famille Royale, et de Monsieur le COMTE D'HAGA,

Par M. PILATRE DE ROZIER, Penfionnaire du Roi, Intendant des Cabinets de Phyfique, de Chimie, d'Hiftoire Naturelle de MONSIEUR Frère du Roi, Secrétaire du Cabinet de MADAME, membre de plufieurs Académies nationales & étrangères ; Chef du premier Mufée autorifé par le Gouvernement, fous la protection de MONSIEUR & de MADAME, &c. &c.

Le 23 Juin 1784.

IMPRIMÉ AUX FRAIS DU GOUVERNEMENT;

Seconde Edition.

A PARIS,

DE L'IMPRIMERIE DE MONSIEUR.

M. DCC. LXXXIV.

RÉPONSE
A M. LE ROI,
DE L'ACADÉMIE DES SCIENCES.

Monsieur,

L'INTÉRÊT particulier que vous avez pris à mon Expérience, en excitant la plus vive reconnoissance, m'engage à vous communiquer les détails que vous desirez, & à vous informer des particularités qui ont précédé & suivi cette nouvelle tentative.

Vous avez su, Monsieur, que le Roi voulant donner à

A ij

Monfieur le Comte d'Haga le fpectacle de l'enlévement d'une Montgolfière, daigna me confier, en l'abfence de l'Inventeur, la direction de cette Machine. Les changemens que j'y apportai n'ont rien ajouté à fa perfection. La forme de la galerie, celle du réchaud, la manière de les fufpendre, les 144 cordages en patte d'oie, & les décorations, voilà, Monfieur, les feules idées qui m'appartenoient; leur exécution a totalement dépendu de l'activité & de la complaifance de M. Réveillon. Enfin, Monfieur, votre préfence, celle de Meffieurs de l'Académie (1), m'ont donné la plus grande fécurité fur les fuccès, qui ont été une fuite des talens & du zèle avec lefquels M. Prouft (2) m'a fecondé.

Cinquante - quatre perfonnes s'étoient fait infcrire pour monter fur la Montgolfière; une feule (3) y avoit acquis des droits, puifqu'elle avoit déja été victime de fon amour pour ce genre de gloire : malheureufement des ordres fupérieurs & des circonftances particulières me privèrent de la fatisfaction d'acquiefcer à fes defirs. Seize feulement furent donc défignées pour tirer au fort; mais un inftant avant l'expérience, deux refufèrent de fe foumettre à cette loi, & plufieurs protégés voulurent interpofer l'autorité; ce qui me détermina, pour éviter toute rivalité & toutes difcuffions, à fupprimer deux places, & à n'admettre que M. Prouft.

---

(1) L'Académie avoit bien voulu avancer fa féance d'un jour, pour être témoin de cette expérience.

(2) Ce Chimifte très-avantageufement connu par différentes découvertes, a montré beaucoup de courage.

(3) M. le Comte de D..... qui m'avoit accompagné à Lyon.

Sa Majesté m'avoit ordonné de commencer l'expérience à midi; mais j'ofai repréfenter à la Reine, que le vent fud-oueft étant très-confidérable, il y auroit des rifques à courir pour la Montgolfière, en tentant le développement dans un inftant auffi défavorable. » En effet, il étoit aifé de » concevoir, que fi les cordages réfiftoient à l'effort des 416 » perfonnes employées à retenir la Machine fur l'eftrade, il » y avoit à craindre que les parties de la toile où elles étoient » fixées, n'oppofaffent pas la même réfiftance, fur-tout s'il » arrivoit de grands coups de vent au moment où toutes ces » toiles feroient développées. Secondement, il pouvoit arriver » que la preffion de l'air extérieur, ou le vent, portaffent ces » mêmes toiles fur la flamme, à mefure qu'on raréfieroit l'air » intérieur. Troifièmement, il étoit indubitable que la Machine, après fa courfe, repofant à terre, feroit renverfée par » le vent, & qu'alors la flamme du réchaud fe portant fur la » galerie, occafionneroit un embrâfement qui pouvoit devenir » général. (1) «

Ces différentes obfervations déterminèrent la Reine à m'ordonner de confulter les Miniftres, qui remirent tout à ma prudence. Ma fituation, comme vous voyez, Monfieur, devenoit très-embarraffante : le fuccès de cette expérience ap-

---

(2) Il y avoit un moyen de prévenir ce dernier accident, en donnant au réchaud la forme d'une lanterne fourde; mais cette réparation exigeoit trois heures de travail. Plufieurs perfonnes ont imaginé qu'on pouvoit détacher le réchaud avant la defcente; d'autres ont confeillé l'ufage d'un étouffoir, des pompes, des éponges chargées d'alun. Mais l'expérience m'a démontré que tous ces procédés font dangereux, ainfi que je le prouverai dans un Mémoire particulier.

partenant à l'inventeur, rien ne pouvoit balancer les défa-
grémens auxquels j'allois m'expofer , en fatisfaifant à l'im-
pâtience du concours prodigieux de fpectateurs , qui , fans
avoir égard aux circonftances qui contrarioient ma nouvelle
entreprife, témoignoient déja leur mécontentement fur le re-
tard que le mauvais temps me forçoit de faire éprouver.
D'un autre côté, fi, en cédant au défir général , la Montgolfière fe fût déchirée avant fon départ, j'aurois eu l'humi-
liation de la rabaiffer fur l'eftrade , & d'entendre dire , que
l'abfence de l'inventeur avoit fait manquer l'expérience. Dans
cette perplexité, les favans eux-mêmes m'intimidoient fur les
fuites funeftes que pourroit avoir mon entreprife. Il ne me
reftoit donc qu'une feule reffource pour prévenir les atteintes
de la malignité. C'étoit un ordre du Roi, qui permît de pu-
blier que *j'avois prévu les rifques auxquels j'expofois la
Montgolfière avant le départ & après fa defcente ; mais
qu'ayant affuré qu'il n'y avoit aucun danger pour les voyageurs, SA MAJESTÉ avoit confenti à facrifier la Machine
en totalité, plutôt que de voir le public s'en retourner mécontent.*

Il étoit trois heures après midi, & il y en avoit déja fix
que je follicitois avec les plus vives inftances pour obtenir cet
ordre, lorfque M. le Contrôleur-Général me fit demander. La
protection diftinguée que ce Miniftre avoit accordée à cette dé-
couverte , la bonté avec laquelle il m'avoit toujours accueilli,
concoururent à ranimer mon efpoir. Ma demande étoit fondée
fur la prudence ; j'ofai par conféquent me flatter qu'il l'ap-
prouveroit. En effet, après plufieurs queftions faites en préfence de la Reine , de Monfeigneur Comte d'Artois , & de
M. le Comte d'Haga; ce Miniftre éclairé n'héfita point à repré-

fenter ma pofition au Roi, qui voulut bien autorifer ma demande.

Une autre confidération , plus importante à mon bonheur , m'alarmoit encore ; c'étoit la crainte de perdre la confiance de Leurs Majeftés , fi les fuccès ne répondoient pas à leur attente : mais la Reine daigna , avec une bonté qui ne s'effacera jamais de ma mémoire , me raffurer, en me promettant que je ferois feul chargé d'une nouvelle Expérience , quand bien même je n'obtiendrois aucun réfultat fatisfaifant.

Tranfporté de cette faveur, je volai au champ de bataille : auffitôt une boîte donna le fignal qui devoit raffembler les ouvriers ; on les voyoit accourir de toutes parts. Tous également animés par le defir d'ajouter quelques fleurons aux lauriers des Montgolfiers , travailloient avec une ardeur & une intrépidité dont on a peu d'exemple. Une tente de quatre-vingt-dix pieds, qui abritoit tout l'appareil , difparut en un clin - d'œil ; les cent quarante - quatre cordages qui devoient retenir la Montgolfière furent à l'inftant étendus ; les magafins chargés de combuftibles, les perfonnes inutiles forties de l'enceinte , les officiers & les foldats fous les armes ; en un mot, près de quatre cens feize ouvriers fe trouvèrent aux poftes que j'avois défignés : enforte que , dans moins de dix minutes, je fus en état d'annoncer, par une feconde boîte, que M. le Comte de Vergennes mettoit le feu fous la Montgolfière. Il étoit quatre heures : les fpectateurs arrivoient en foule ; l'air retentiffoit des battemens de mains ; &, comme fi cette expérience devoit décider une grande action , chacun paroiffoit y prendre un intérêt particulier.

Bientôt le développement de la Machine devint très-fenfible. La calotte en peau n'offrit d'abord rien d'agréable à l'œil ; mais à peine découvrit-on le cylindre bleu fur lequel étoient tracées les allégories, que les applaudiffemens recommencèrent. L'ordre & l'intelligence qui régnoient entre toutes les perfonnes chargées de ce travail, diminuoient tellement les obftacles, que peu de perfonnes fe font apperçues de la violence des coups de vents qui fe manifeftoient du côté du fud.

A quatre heures vingt-cinq minutes, la Montgolfière étoit entièrement développée, mais point encore affez chargée pour être lancée ; une falve de trois boîtes prévint que nous arborions un pavillon blanc portant les armes de la Reine, & fur le revers : MARIE-ANTOINETTE. Ce pavillon, qui nous fut remis par douze grenadiers, excita les plus vives acclamations, qui fe mêlèrent au bruit des tambours & d'une nombreufe mufique militaire. La joie dans ce moment étoit peinte fur tous les vifages ; on remarquoit que chacun vouloit à l'envi exprimer fa fatisfaction. A cinq heures moins un quart, les Argonautes prirent leurs poftes ; mais, voyant déja le feu allumé pour donner le dernier fignal, m'appercevant au même inftant qu'un des cordages amarroit la Montgolfière à une barrière, je m'élançai auffitôt de la galerie jufqu'à la perfonne chargée des fignaux ; puis, coupant fubitement le cordage, je prévins à temps l'événement le plus affreux, dont mille fpectateurs étoient menacés : car vous concevez aifément, Monfieur, que la Machine, abandonnée dans ce moment, ayant une grande force d'afcenfion, fe feroit déchirée du côté de cette corde, ou

qu'elle

qu'elle auroit entraîné la barrière , qui feroit tombée fur la place. Cette circonftance, dont l'idée m'effrayera long-temps, fut fuivie d'une plus fatale encore : comme je remontai fur l'eftrade avec trop de vivacité , je m'égratignai la jambe, & je caffai ma boucle : l'arrachant avec précipitation & une partie de mon foulier, je les remis à M. Devains (1); mais, malgré toute mon activité, j'avois été trop lent : la Montgolfière ayant reçu par la chaleur un vigoureux élan , chercha à s'échapper des mains qui la retenoient fortement. La galerie avoit déja quitté la terre, en foulevant plufieurs perfonnes. Songeant alors que M. Prouft, qui n'avoit jamais monté de Machines aéroftatiques, alloit partir feul, la frayeur s'empara de mon ame. A un

---

(1) Comme des affaires particulières m'avoient obligé de refter huit jours à Verfailles, & que j'avois vainement fait demander ma boucle aux perfonnes qui nous avoient aidé , je fus très-agréablement furpris lorfqu'arrivant à Paris je trouvai fur ma cheminée un écrain garni d'une charmante paire de boucles, avec une lettre anonyme qui ne me laiffa point douter que je devois cette galanterie à M. Devains.

EXTRAIT DE LA LETTRE QUI ACCOMPAGNOIT LES BOUCLES.

LE Prophète Elie, en s'élevant dans les airs fur un char de feu, jeta fon manteau qui le génoit à fon ferviteur Elifée, à qui il devint d'un heureux augure. La circonftance où je reçus votre boucle, Monfieur, la rend pour mon cœur un monument bien intéreffant, puifqu'elle me rappellera une des époques de votre célébrité ; & qu'en mettant le comble à ma fatisfaction, elle fera dater mon bonheur d'un moment auffi glorieux pour vous. Daignez agréer cet échange, Monfieur, & recevoir avec bonté mes félicitations, qui font auffi fincères que l'attachement avec lequel j'ai l'honneur d'être, &c.

B

friſſonnément d'une nature nouvelle, ſuccéda une ſenſation ſi violente & ſi ſubite, que la circulation demeura comme ſuſpendue pendant près d'une minute : ſemblable à un cataleptique, je reſtai immobile ; je voulois crier, & j'avois perdu la parole. Vous imaginez bien, Monſieur, combien ce moment terrible a dû me paroître long. Tous les efforts s'étant réunis vers le poſte que je devois occuper, le côté de la galerie de M. Prouſt devenant plus léger, la Montgolfière s'inclina ; la flamme, toujours verticale, ſe dirigeant ſur les parois, les dangers du feu redoublèrent ma terreur ; enfin, Monſieur, je ne ſongeois qu'à me précipiter ſur le réchaud, lorſqu'heureuſement le poids de mes courageux coopérateurs ramena la galerie : je m'élançai promptement, aidé des grenadiers, qui y mirent une intrépidité digne de toute ma reconnoiſſance. Au même inſtant où je touchai cette galerie, je recouvrai, comme par enchantement, les forces & la parole. Une ſeconde ſalve de trois fortes boîtes, indiqua le départ. Les douze grenadiers lancèrent la Montgolfière ; les tambours battirent au champ, la muſique joua l'ouverture du Déſerteur, & l'atmoſphère retentit de nouvelles acclamations, des tranſports, des cris de joie de VIVE LE ROI, LA REINE, M. LE COMTE D'HAGA, &c. : en un mot, tout ſe confondit à une certaine diſtance, & ne produiſit plus qu'un ſeul ſon. La Montgolfière s'élevoit très-lentement, & décrivoit une diagonale, en offrant un ſpectacle tout-à-la-fois agréable & majeſtueux. Comme un vaiſſeau qui s'eſt précipité du chantier dans les eaux, cette étonnante machine ſe balançoit ſuperbement dans l'air, qui ſembloit l'arracher de la main des hommes. Ses mouvemens irréguliers intimidèrent un inftant une partie des fpectateurs, qui, craignant qu'une chûte prochaine ne mît leur vie en danger, s'éloignèrent à grands pas. Après avoir allumé mon fourneau, je faluai les fpectateurs, qui me répondirent de la manière la plus flatteufe. Les grenadiers Suiffes, émus par un fentiment qui tenoit du refpect, mirent involontairement le fabre à la main pour me rendre mon falut. J'eus auffi le temps d'obferver fur quelques vifages un mélange d'intérêt, d'inquiétude & de joie. En continuant ainfi notre marche afcenfionnelle, je m'apperçus qu'un courant d'air fupérieur, oppofé au nôtre, faifoit pencher la Montgolfière : voulant éviter le feu, j'engageai M. Prouft à marcher huit à dix minutes horizontalement ; puis, augmentant la chaleur, nous nous élevâmes. Le volume des objets diminuant fenfiblement, nous mettoit en état d'apprécier notre éloignement avec affez d'exactitude. Alors la Montgolfière fut diftinguée de la Capitale & des environs. L'élévation à laquelle nous étions déja parvenus, faifoit croire au plus grand nombre que nous planions fur leurs têtes. Arrivés dans les nuages, la terre difparut entièrement à nos yeux : un brouillard très-épais fembloit nous envelopper ; puis un efpace plus clair nous rendoit la lumière. De nouveaux nuages, ou plutôt des amas de neige, s'amonceloient rapidement fous nos pieds ; nous en étions environnés de toutes parts : une partie tomboit perpendiculairement fur les bords extérieurs de notre galerie, qui en retenoient en affez grande quantité ; une autre fe fondoit en pluie fur Verfailles & fur Paris.

Le baromètre avoit defcendu de neuf pouces, & le thermomètre de feize degrés. Curieux de connoître la plus grande élévation à laquelle notre Machine pouvoit atteindre , nous réfolûmes de porter au plus haut degré la violence des flammes, en foulevant notre brafier & foutenant nos fagots fur la pointe de nos fourches. Parvenus aux plus hautes de ces montagnes glacées, & ne pouvant plus rien entreprendre, nous errâmes quelque temps fur ce théâtre plus que fauvage : théâtre que des hommes voyoient pour la première fois. Ifolés & féparés de la nature entière, nous n'appercévions plus fous nos pas que ces énormes maffes de neiges, qui, réfléchiffant la lumière du foleil, éclairoient alors infiniment l'efpace que nous occupions. Nous reftâmes huit minutes fur ces monts efcarpés, *à 11732 pieds* de la terre, dans une température de cinq degrés au deffous de la glace, ne pouvant plus juger de la viteffe de notre marche, puifque nous avions perdu tout objet de comparaifon. Cette fituation, agréable fans doute pour un peintre habile, promettoit peu de connoiffances à acquérir au phyficien : ce qui nous détermina, dix-huit minutes après notre départ, à redefcendre au deffous des nuages , pour retrouver la terre. A peine étions-nous fortis de cette efpèce d'abîme, que la fcène la plus riante fuccéda à la plus ennuyeufe : nous vîmes toutà-coup le fpectacle le plus admirable ; les campagnes nous parurent dans leur plus grande magnificence ; tout étoit fi éclatant , que nous crûmes que le foleil avoit diffipé l'orage ; &, comme fi on eût tiré le rideau qui cachoit la nature, nous découvrîmes auffitôt mille objets divers répandus fur un efpace dont notre œil pouvoit à peine mefurer l'étendue. L'horizon feulement étoit chargé de quelques nuages, qui paroiffoient toucher la terre : les uns étoient diaphanes,

d'autres réfléchiffoient la lumière fous mille formes différentes ; tous en général étoient privés de cette teinte brune
qui porte à la mélancolie. Nous paffâmes, dans une minute,
de l'hiver au printemps. Nous vîmes un terrain immenfe
couvert de villes & de villages, qui, en fe confondant,
ne reffembloient plus qu'à de beaux châteaux ifolés, & en-
tourés de jardins ; les rivières, qui fe multiplioient & fer-
pentoient de toutes parts, n'étoient plus que de très-petits
ruiffeaux deftinés à l'ornement de ces palais ; les plus vaftes
forêts devenoient des charmilles ou de fimples vergers : en
un mot, les prés & les champs n'avoient que l'enfemble
des verdures & des gazons qui embelliffent nos parterres. Ce
merveilleux tableau, qu'aucun peintre ne peut rendre, nous
rappeloit ces métamorphofes miraculeufes des Fées ; avec cette
différence, que nous voyions en grand ce que l'imagination
la plus féconde n'avoit pu créer qu'en petit, & que nous
jouiffions de la réalité de ce qu'avoit enfanté le menfonge.
C'eft dans cette charmante pofition que l'ame s'élève, que les
penfées s'exaltent & fe fuccèdent avec la plus grande rapidité.
Voyageant à cette hauteur, notre foyer n'exigeoit plus de
grands foins, & nous pouvions facilement nous promener
dans la galerie. Mon ardent coopérateur changea plufieurs
fois de pofte ; nous étions auffi tranquilles fur notre balcon,
que fur la terraffe d'une maifon élevée, jouiffant de tous les
tableaux qui fe renouveloient continuellement, fans nous
faire éprouver de ces étourdiffemens qui effrayent une infinité
de perfonnes. L'action que j'avois portée dans mes travaux
ayant caffé ma fourche, j'allois au magafin m'armer de
nouveau : je rencontrai M. Prouft ; mais la Montgolfière

étant très-bien leſtée, ne s'inclina que d'une manière preſque inſenſible : d'où nous conclûmes qu'il falloit attribuer à la mauvaiſe conſtruction ou à la frayeur des voyageurs, les accidens annoncés, avec tant de pompe, dans quelques Journaux.

Les vents, quoique très-conſidérables, emportoient notre Bâtiment ſans nous faire éprouver le plus léger roulis : nous n'appercevions notre marche, que par la viteſſe avec laquelle les villages fuyoient ſous nos pieds ; enſorte qu'il ſembloit, à la tranquillité avec laquelle nous voguions, que nous étions entraînés par le mouvement diurne. Pluſieurs fois nous cherchâmes à nous approcher de la terre, juſqu'à diſtinguer les acclamations qu'on nous adreſſoit, & auxquelles il nous eût été facile de répondre à l'aide d'un porte-voix : en un mot, tout nous amuſoit ; la ſimplicité de nos manœuvres nous permettoit de parcourir des lignes horizontales & obliques, de monter & deſcendre, remonter & redeſcendre encore, & auſſi ſouvent que nous le jugions néceſſaire. Parvenus à Luzarche, nous nous déterminâmes d'y mettre pied à terre. Déja le peuple témoignoit la ſatisfaction la plus vive ; la foule augmentoit ; une partie tendoit les bras pour ralentir notre chûte, tandis que les animaux de toutes eſpèces s'enfuyoient épouvantés, comme s'ils euſſent pris notre Montgolfière pour un animal vorace. Mais appréciant bientôt par la viteſſe de notre marche que nous ſerions portés ſur les maiſons, nous ranimâmes notre foyer : ſautant alors avec la plus grande légéreté par-deſſus les édifices, nous échappâmes à ces premiers hôtes qui reſtèrent interdits. Pourſuivant enſuite notre route, nous découvrîmes cette forêt immenſe qui conduit à Compiègne ; mais connoiſ-

fant peu la topographie de ce canton, ne voyant dans l'éloignement aucune place favorable à notre defcente, & craignant
d'ailleurs que nos provifions ne ceffaffent avant d'avoir traverfé
les bois, je crus qu'il feroit plus fage de mettre pied à terre
dans le dernier carrefour, diftant de treize lieues de Verfailles,
que de s'expofer à terminer cette expérience par l'embrâfement de la forêt. Les veffies qui faifoient reffort fous notre
galerie rendirent notre defcente très-douce. Je m'emparai
du pavillon (1), puis je volai fervir d'écuyer à M. Prouft.
Nous débarraffâmes notre vaiffeau des combuftibles qui ref-
toient; nos habits, nos inftrumens, tout fut mis en fûreté.
Vingt minutes après notre defcente, le vent, ainfi que je l'avois
annoncé à M. le Contrôleur Général, en préfence de la
REINE & de M. le COMTE D'HAGA, fouffla fortement le haut
de la Montgolfière, qui, dans fon renverfement, entraîna
la galerie & le réchaud qui y adhéroit : la flamme s'échappant
alors par la grille de ce fourneau, fe porta fur quelques cordages de la galerie ; les toiles en étoient très-éloignées : nous
cherchâmes à les féparer par une feétion ; malheureufement
nous reftâmes feuls pendant plus d'une demi-heure, travail-
lant ardemment avec un très-mauvais couteau. Le tems étoit
précieux : je craignois que le feu, en fe propageant, n'occa-
fionnât un embrâfement général ; mon inftrument ne fatisfai-
foit point à mon impatience, je le rejetai : déchirant alors la
laine, je l'écartai des flammes ; mais parvenu aux cordages qui
retenoient notre galerie, l'ufage du couteau me devint indif-

---

(1) Les Voyageurs ont fait hommage de leur Pavillon , jeudi dernier,
à M. le Contrôleur Général.

penfable ; je le cherchai inutilement. Le tems s'écouloit ; le feu alloit gagner les cordages, & bientôt la galerie : fa fubftance étoit très-combuftible, il n'y avoit plus un inftant à perdre ; il falloit fauver les pièces effentielles. La calotte & le cylindre étoient neufs : nous féparâmes auffitôt ces deux parties. La curiofité fit accourir deux hommes, dont j'animai l'ardeur par l'efpoir d'une récompenfe. Réfolu de facrifier le cône de la Montgolfière, qui avoit beaucoup fervi aux premières expériences de Verfailles & de la Muette, nous tranfportâmes au loin les objets garantis. Les Seigneurs des environs arrivoient de toutes parts ; le peuple s'approchoit en foule : je diftribuaï la partie du cône pour arrêter le défordre, & fatisfaire les defirs. M. de Combemale qui ne tarda pas à contenir la foule, s'empreffa de me feconder ; à fa voix tout le monde obéit, & on conduifit la Montgolfière dans un Château voifin. Plufieurs perfonnes nous offrirent leur maifon : nous montâmes à cheval pour nous rendre chez M. de Bienville, accompagnés de M. le Préfident Molé & de M. de Nantouillet.

S. A. S. Monfeigneur le Prince DE CONDÉ ayant jugé, d'après le vent, que nous ferions portés dans fes domaines, avoit ordonné de placer à midi un obfervateur fur les combles du Château : dès qu'il eut apperçu la Montgolfière, il nous expédia quatre Piqueurs qui nous cherchèrent dans la forêt. Le Prince voulut bien auffi monter en voiture, ainfi que Monfeigneur le Duc d'Enguien, & Mademoifelle de Condé. Le premier des Piqueurs que nous rencontrâmes, m'ayant fait part des difpofitions favorables de S. A. S. je priai M. de Bienville de nous permettre d'accepter cette marque de bienveillance ; ce jeune Militaire fe prêta à nos defirs avec toute l'honnêteté

poffible :

possible : il porta même la complaisance jusqu'à nous accompagner au rendez-vous de chasse appelé *la Table*. Le Prince n'y étant point encore arrivé, j'osai me faire conduire au Château de Chantilly, où le Concierge nous reçut avec le plus vif empressement ; les rafraîchissemens de toutes espèces arrivèrent à propos. Bientôt on annonça le Prince, qui ne tarda pas à venir nous accueillir avec cette bonté qui caractérise depuis tant de siècles son auguste Maison. Les Seigneurs de sa Cour nous fêtoient à l'envi. Enfin, Monsieur, vous concevez facilement combien j'ai dû jouir de ces momens délicieux. Quoique dans le plus grand désordre, S. A. S. nous permit de descendre dans son appartement où l'on nous servit à dîner : la salle, quoique très-vaste, pouvoit à peine contenir tous les spectateurs. La gaieté & la satisfaction la plus pure présidoient à notre repas.

Le Prince, Monseigneur le Duc d'Enguien, Mademoiselle de Condé & la Cour la plus nombreuse qui assistèrent à ce festin, nous adressèrent les questions les plus obligeantes. Ce fut dans ce moment que le Prince voulut bien me faire le cadeau de la Carte de Chantilly, après avoir lui-même marqué le lieu de notre descente, auquel il daigna donner le nom de *de Rozier*. Cette faveur accordée avec toutes les graces qui peuvent en augmenter le prix, fixera pour jamais cette époque comme la plus précieuse & la plus mémorable de ma vie.

Il étoit huit heures trois-quarts lorsqu'un des Couriers que la Reine daigna nous expédier, vint demander des nouvelles du voyage ; je donnai aussitôt un extrait, en suppliant le

Prince de vouloir bien le figner (1). Ce nom fuffifoit fans doute à l'Univers pour conftater ce Procès-verbal ; mais S. A. S. demanda que Monfeigneur le Duc d'Enguien & Mademoifelle de Condé y joigniffent leur fignature ; il exigea auffi le nom des deux premières perfonnes de marque qui arrivèrent une demi - heure après notre defcente. Ce n'étoit point affez pour le cœur fenfible & bienfaifant du Prince , de nous avoir comblés de fes bontés ; il nous engagea encore à coucher : mais fur le defir que nous témoignâmes , il confentit à nous faire reconduire. Sa voiture, fes chevaux & la pofte , tout fut à nos ordres ; il nous fuffifoit de defirer pour obtenir. Nous arrivâmes à Verfailles à trois heures du matin ; j'engageai M. Prouft à fe rendre à Paris ; il trouva à mon Mufée un concours prodigieux de perfonnes de tous les rangs, auxquelles il donna tous les détails qui pouvoient fatisfaire la curiofité : les Tambours de la Ville & les Poiffardes venoient auffi nous complimenter, felon leur ufage.

Il y avoit trois nuits que je ne m'étois point couché : mon appartement fe trouvoit occupé par un ami ; je profitai avec bien de l'empreffement d'un lit qui me fut offert par un de mes voifins. A fept heures une perfonne qui s'intéreffe à mes fuccès, me fit prévenir que SA MAJESTÉ avoit bien voulu s'informer plufieurs fois fi nous étions de retour. Je me levai fur le champ, & à huit heures je me rendis à l'appartement du Roi, qui daigna m'accueillir de la manière la plus flatteufe. La Reine & la Famille Royale voulurent bien auffi me té-

---

(1) Je joins à ma Lettre une copie de ce procès-verbal.

moigner leur fatisfaction par les expreffions les plus obligeantes.

M. le Comte de Vergennes & M. le Maréchal de Caftries
me reçurent avec la plus grande bonté. Enfin, Monfieur,
M. le Contrôleur Général qui avoit préfidé à tous les détails
de cette expérience, & diffipé toutes mes craintes, m'ob-
tint de la bienfaifance du Roi une penfion de 2000 liv.

Voilà, Monfieur, le précis que vous defirez : peut-être le
trouverez-vous un peu prolixe pour un fi court voyage ; mais
je vous répéterai , Monfieur , que les différentes pofi-
tions auxquelles nous fommes parvenus, en élevant notre
ame , femblent étendre la fphère de nos idées : rien n'échappe
à la vue , & l'imagination dans ces inftans paroît plus féconde
que dans tout autre. D'ailleurs, Monfieur, je n'ai confulté
ici que mon empreffement à fatisfaire votre curiofité, fur
toutes les queftions intéreffantes que vous m'avez adreffées.

J'ai l'honneur d'être, avec la confidération la plus diftinguée ,

MONSIEUR,

Votre très-humble & très-
obéiffant Serviteur ,
PILATRE DE ROZIER.

PROCÈS-VERBAL

ADRESSÉ A LA REINE.

Du Château de Chantilly, le 23 Juin 1784, à neuf heures du soir.

L A Montgolfière partie de la Cour des Miniſtres à cinq heures moins un quart, eſt deſcendue à cinq heures trente-deux minutes (1) dans un carrefour de la forêt de Chantilly, près de la route Manon, diſtant d'environ treize lieues de Verſailles. Les Voyageurs très-bien portans, n'ont éprouvé aucun accident. La galerie ſeulement & une partie du cône ont été endommagés une demi - heure après la deſcente, ainſi que de Rozier avoit eu l'honneur de l'obſerver à Votre Majeſté avant ſon départ. *Signé*, LOUIS-JOSEPH DE BOURBON ; le Duc D'ENGUIEN ; LOUISE-ADÉLAÏDE DE BOURBON ; BIEN-VILLE , Capitaine de Dragons au Régiment de Bourbon ; FRANCLIEU , fils.

---

(1) Parmi les perſonnes qui ont obſervé la marche de notre Montgolfière, il y en a pluſieurs qui aſſûrent l'avoir encore vue après cinq heures trente-deux minutes ; ce qui conſtateroit que nous avons été près d'une heure en l'air. Il me ſuffira de citer deux témoignages pour démontrer qu'il ſeroit très-difficile d'attribuer la différence des réſultats à la variation des montres de Verſailles , de Chantilly, de Saint-Cloud & de Paris.

1°. M. de la Lande m'a aſſuré *que M. Méchain , de l'Académie des Sciences , avoit obſervé notre marche pendant 59 minutes.*

2°. J'ai reçu le détail ſuivant , ſigné de trois perſonnes qui travailloient à la machine de MM. ROBERT , à Saint-Cloud. « A cinq heures , nous avons diſtingué la Montgolfière à » la hauteur de la Broſſe ; elle a diſparu l'eſpace de huit minutes dans les nuages, au-deſſus » de Neuilly ; enſuite elle a baiſſé près d'Ecouen, derrière la montagne. Au bout de quatre » minutes , elle s'eſt relevée , & nous l'avons parfaitement ſuivie pendant douze minutes; » ce qui donneroit cinquante-une minutes de marche, ſans y comprendre le temps que la » Montgolfière a employé à venir de Verſailles à l'endroit où nous l'avons d'abord obſervée. » Comme nous avons déterminé ſa direction en prenant des jallons pour ſommet de l'angle, » nous croyons pouvoir aſſurer qu'elle a été conſtamment très-droite. A Saint-Cloud , ce » 1er. juillet 1784. *Signés* BOISARD fils, l'Abbé DARD, DURAND l'aîné. »